Date: 10/24/18

EXPLOREMOS LA TIERRA

por Walt K. Moon

BUMBA BOOKS™
en español

EDICIONES LERNER ◆ MINNEAPOLIS

Nota para los educadores:

En todo este libro, usted encontrará preguntas de reflexión crítica. Estas pueden usarse para involucrar a los jóvenes lectores a pensar de forma crítica sobre un tema y a usar el texto y las fotos para ello.

ediciones Lerner
Una división de Lerner Publishing Group, Inc.
241 First Avenue North
Mineápolis, MN 55401, EE. UU.

Si desea averiguar acerca de niveles de lectura y para obtener más información, favor consultar este título en www.lernerbooks.com

Library of Congress Cataloging-in-Publication Data

Names: Moon, Walt K.
Title: Exploremos la tierra / por Walt K. Moon.
Other titles: Let's explore Earth. Spanish
Description: Minneapolis : Ediciones Lerner, [2018] | Series: Bumba books en español. Una primera mirada al espacio | Audience: Age 4–7. | Audience: K to grade 3. | Includes bibliographical references and index. | Description based on print version record and CIP data provided by publisher; resource not viewed.
Identifiers: LCCN 2017017565 (print) | LCCN 2017018986 (ebook) | ISBN 9781512497694 (eb pdf) | ISBN 9781512497687 (lb : alk. paper) | ISBN 9781541510654 (pb : alk. paper)
Subjects: LCSH: Earth (Planet)—Juvenile literature.
Classification: LCC QB631.4 (ebook) | LCC QB631.4 .M6618 2018 (print) | DDC 525—dc23

LC record available at https://lccn.loc.gov/2017017565

Fabricado en los Estados Unidos de América
1 – CG – 12/31/17

LERNER
e
SOURCE

Expand learning beyond the printed book. Download free, complementary educational resources for this book from our website, www.lerneresource.com.

Tabla de contenido

El planeta Tierra

La Tierra es un planeta.

Es donde vivimos.

Es parte de nuestro sistema solar.

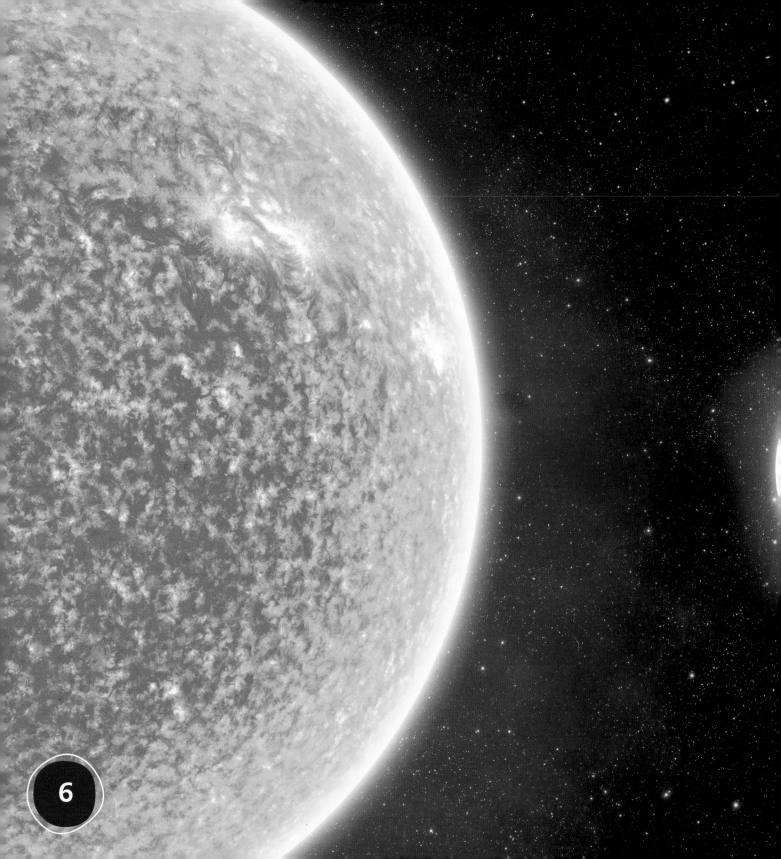

La Tierra se mueve alrededor del Sol.

Le toma 365 días girar una vez alrededor del Sol.

Esto equivale a un año.

La Tierra gira.

Le toma veinticuatro horas girar una

vez alrededor de sí misma.

Esto equivale a un día.

9

Una parte de la Tierra está en la sombra durante un día. La otra parte está en el Sol. Esto hace el día y la noche.

Cuando la Tierra está en la sombra, ¿es de día o de noche?

La Tierra está inclinada.

Algunas partes reciben más luz solar que otras.

Esto hace las estaciones.

¿Cuál estación es la más fría? ¿Cuál es la más caliente?

La Tierra tiene pedazos
de tierras.

A estos pedazos se les
llama continentes.

Hay siete continentes
en la Tierra.

¿Puedes nombrar algún continente?

La Tierra tiene mucha agua.

Los continentes están separados

por océanos.

océano

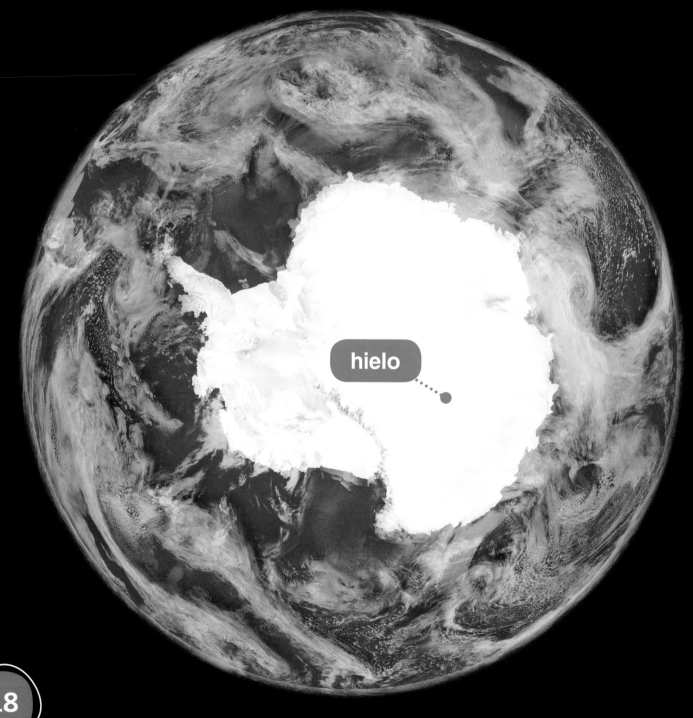

Algunas partes de la Tierra

son muy frías.

Están cubiertas de hielo.

La Tierra tiene muchas

plantas y animales.

Algunos viven en la tierra.

Otros viven en el océano.

¿Dónde está la Tierra?

Tierra

22

Glosario de las fotografías

continentes

los siete grandes pedazos de tierra que tiene la Tierra

estaciones

las cuatro partes del año

océanos

los grandes cuerpos de agua que cubren la mayor parte de la Tierra

sistema solar

el Sol y los otros cuerpos que se mueven alrededor de él

23

Leer más

Hughes, Tom. *Day and Night.* New York: Enslow Publishing, 2017.

Moon, Walt K. *Let's Explore the Sun.* Minneapolis: Lerner Publications, 2018.

Storad, Conrad J. *Earth Is Tilting!* Vero Beach, FL: Rourke Publishing, 2012.

Índice

Crédito fotográfico